Hedwig Gerda Gutberlet-Zerbe ist 1951 in Fulda/Hessen geboren.
Sie ist verheiratet mit dem Bau-Ingenieur Willi Zerbe, hat eine erwach-
sene Tochter im Berufsleben stehend und wohnt heute in:
Ostertor 6, 31180 Giesen (Hildesheim/Niedersachsen)
Mittlere Reife
Wirtschaftsoberschule
Ausbildung als Bürogehilfin
Abschluss im Berufsbild der Sekretärin
Geschäftsleitungssekretärin > Schulsekretärin
Mentalcoach – Certified United Nation Diplomat

Illustration: Jutta Reinfeldt: jutta.reinfeldt@web.de

Das Leben ist vergleichbar mit blühenden Rosen als Symbol für das Leben, die den Komabetroffenen und seinen Partner und die Angehörigen darstellen, der/die ihm jetzt alle Aufmerksamkeit und Hilfe geben muss/müssen. Das bedeutet für den Partner bzw. für die Angehörigen Ausdauer zu beweisen, sich in Geduld zu üben und Hoffnung zu vermitteln, Schmerz überwinden, Zorn verdrängen, Grenzen des Seins und Nichtseins erkennen, denn nur Gott weiß was geschehen wird. ER stehe meinem geliebten Partner/Angehörigen bei.

Ich vertraue auf Dich!

*Auf dieser Welt lebt keiner
vergebens, der die Bürde
eines anderen leichter zu
machen versteht.
Helen Keller*

© 2015 Autorin: Gerda Gutberlet-Zerbe
2. Auflage
www.awpsg.com
www.hilfe-depressionen.de
www.gutberlet-zerbe.de
Email: gerda@gutberlet-zerbe.de

© 2015 Buchcover-Illustration von Jutta Reinfeldt:
jutta.reinfeldt@web.de

© 2015 Buchsatz und Coverdesign: Jutta Schütz
Webseite: www.jutta-schuetz-autorin.de/
E-Mail: info.jschuetz@googlemail.com

© 2015 Herstellung und Verlag: BoD –
Books on Demand, Norderstedt

ISBN: 9 783 7386 1221 9

Bibliografische Information der Deutschen Nationalbibliothek:
Die Deutsche Nationalbibliothek verzeichnet diese Publikation in der Deutschen Nationalbibliografie; detaillierte bibliografische Daten sind im Internet über http://dnb.d-nb.de abrufbar.

Gerda Gutberlet-Zerbe

KOMA

Zwischen Leben und Tod

2. Auflage

Inhaltsverzeichnis

Editorial

Koma - ein Dasein zwischen Leben und Tod - er-
eilt, wie in diesem Buch beschrieben nach einem
Unfall, Gott Lob, nur wenige Menschen in ihrem
Leben. Aber auch andere Ereignisse, die nachfol-
gend beschrieben werden, können zu einem Koma
führen.

Ich habe mir zum Ziel gesetzt, dieses weitgehend wenig präsente
Thema „Koma" einmal aufzugreifen und zu zeigen, wie trägt und er-
trägt man ein solches Schicksal! Da sich das Gehirn mit fortschreiten-
dem Alter in einem dynamischen Prozess entwickelt, interagiert es
(steht also in Wechselbeziehung) mit den Folgen eines Unfalls.

Ich werde über diesen Entwicklungsprozess berichten und zeige
auf, auch wenn der Patient wieder aus dem Koma erwacht ist, es bleibt
ein schwieriges Nachleben.

Ferdi, der Mann an Laras Seite, ist 1943 geboren und hat seit seinem 33. Lebensjahr mit den Folgen von Koma zu leben. Seit der Ehe-
schließung und in den nachfolgenden Jahren ist Lara immer mehr in
diesen Entwicklungsprozess eingebunden, damit das Leben von Ferdi
gelingen kann. Nach-Koma-Verhaltensweisen werden hier nicht be-
schönigt, sie rechtfertigen aber auch keine Demütigungen. Es ist eine
Gradwanderung, die den Menschen nicht immer gelingt und das Leben mit Fredi problematisch gestaltet.

In diesem Buch kommt eine weitere Koma-Betroffene, Heidemarie Hartung, zu Wort. Sie wurde 1971 in Hildesheim geboren und wuchs als 3. Kind mit 3 Geschwistern in einer Kinderarztfamilie auf.

Nach dem Abitur 1990 bewarb sie sich mit Erfolg um einen Studienplatz für Grafik und Design an der Fachhochschule Hildesheim-Holzminden. In der Zwischenzeit arbeitete sie am Fließband, um den Motorradführerschein und ein Moped zu erwerben.

Im Mai 1991 verunfallte sie damit schwer. Nach 2 Jahren Therapie in Rehabilitations-Kliniken trat sie das Studium an, musste es aber nach zwei Semestern wegen ihrer starken Behinderung wieder aufgeben. Nun begann sie eine Ausbildung als Verwaltungsangestellte am Landessozialamt Hildesheim. Dort arbeitet sie heute allerdings nicht mehr, denn Heidemarie ist zwischenzeitlich verstorben.

Heidemarie Hartung verfasste nach ihrem Koma die Roman-Geschichte Emma „So leicht stirbt man nicht…"

Birgit Janez ist 42 Jahre alt, verheiratet und hat 2 Kinder. Sie lebt in Burghaun – Schlotzau im Kreis Fulda/Hessen und wird nach einem Reitunfall aufgrund eines doppelten Beckenbruches in ein künstliches Koma gelegt. Dabei erhält sie Einblicke ins Jenseits und bringt diese mit zurück in unsere Welt.

Erklärungen zum Koma

Koma kommt aus der griechischen Sprache und bedeutet „tiefer Schlaf", also die schwerste Form einer Bewusstseinsstörung, die sich vom Schlaf jedoch vor allem dadurch unterscheidet, dass kein Erwachen auf äußere (Rufen, Kneifen etc.) oder innere Stimulation (z. B. volle Blase) hin möglich ist.

Koma ist aber auch eine Erholungsphase, die das Gehirn nach einem schweren Schlag an den Kopf braucht.

Koma – Bewusstlosigkeit, die schwächer oder stärker ausgeprägt sein kann, ggf. verbunden mit einer mehr oder weniger ausgeprägten Erinnerungslücke.

Fällt ein Mensch in das Koma, so zählt dies zu den absoluten medizinischen Notfällen, sodass er schnellstens ins Krankenhaus gebracht werden muss.

Der Laie weiß natürlich nicht, ob es sich bei dem Patienten um eine Bewusstlosigkeit oder um ein Koma handelt, deshalb sollte der Patient möglichst sofort ins Krankenhaus gebracht werden.

Die Ärzte, die einen Komapatienten behandeln, sind auf jede zusätzliche Information der Angehörigen angewiesen.

Zum Beispiel:

- Ist der Patient zuckerkrank?
- War der Patient in den letzten Stunden verwirrt und schläfrig?
- Liegt Missbrauch von Alkohol oder Medikamenten vor?
- Im Falle von Epilepsie muss dem Arzt berichtet werden, welche Medikamente der Patient bisher eingenommen hat.
- Gab es eine Kopfverletzung in den letzten Wochen?
- Findet eine Behandlung gegen hohen Blutdruck statt?
- Erlitt der Patient kurz zuvor einen Schlaganfall?
- Bei depressiven Patienten ist auf Selbstmordabsichten zu achten: Gibt es ggf. leere Tablettenschachteln?

Folgende Kennzeichen gehen mit dem im Koma befindlichen Menschen einher:

- Der Patient zeigt keine Reaktion auf Schmerzreize
- Er ist bewegungsunfähig
- Der Patient spricht nicht bzw. ist nicht ansprechbar
- Normalerweise ist er auch nicht durch Reize von außen aufzuwecken

Für die Zeit des Komas sind viele andere Funktionen des gesamten Menschen nicht richtig in Takt, wobei das ein buntes Mosaik mit verschiedenen Facetten ist.

Nach einem Schädel-Hirn-Trauma – wie bei Ferdi – kann ein Koma entstehen. Ursache ist hier der Schlag/Stoß gegen oder auf den Kopf mit einem entsprechenden Mikro- bzw. Makrotraumata. Mikrotraumata bezeichnet, dass nur ein einzelner Herd der Gehirnmasse defekt ist, während Makrotraumata größere einzelne defekte Herde im Gehirn beinhaltet. So können die kognitiven Fähigkeiten und Fertigkeiten im Stirnlappen betroffen sein. Z. B. die den Charakter des Menschen ausmachende Funktionen im Frontalhirn, die die emotionale Ebene betreffen. Dabei können sich die Menschencharaktere zum Guten oder Schlechten hin verändern. Es kann aber auch die Intelligenz betroffen sein, also zu denken, zu verstehen, sich zu orientieren etc.

Aber auch durch einen Schlaganfall, durch Nierenversagen oder durch Diabetes kann ein Koma entstehen. Das Gehirn reagiert auf diese akute Schädigung mit einem Ausfall wesentlicher Funktionen. Den Zustand des Komas nennt man auch „komatös" oder „abnehmende Vigilanz" (Erinnerungsfähigkeit). Man unterscheidet flach- und tiefkomatöse oder auch soporöse Zustände (Tiefschlaf).

Der Komazustand geht zwar meistens vorüber, aber die Folgen nicht, denn das Gehirn entwickelt sich in einem dynamischen Prozess und interagiert (steht in Wechselbeziehung) mit den Folgen eines Unfalls.

Koma ist also das Ergebnis einer Störung oder Schädigung von Gehirnbereichen, die an der Bewusstseinsaktivität bzw. der Erhaltung des Bewusstseins beteiligt sind. Vor allem sind das Teile des Großhirns (Cerebrum, die Hauptmasse des Gehirns), obere Bereiche des Hirnstamms und zentrale Gehirnbereiche, wie insbesondere das limbische System, gefühlsmäßige Reaktionen z. B. Angriffs-, Abwehr- und Sexualverhalten als Antwort auf bestimmte Umweltsituationen.

Die Schädigungen können aber auch das Resultat einer Anomalie wie Hirntumor, Hirnabszess oder intrazerebrale Hämorrhagie (Blutung im Gehirn) sein. Alle lassen sich durch Hirn-Röntgendarstellungen in Augenschein nehmen.

Häufig führen auch Ansammlungen giftiger Substanzen zur Vergiftung (Intoxikation) von Gehirngewebe (z. B. durch Drogenüberdosierungen, fortgeschrittene Leber- und Nierenerkrankungen oder nicht eingestellten Diabetes mellitus). Auch eine mangelnde Blutversorgung eines bestimmten Gehirnbereiches mit der Folge eines Sauerstoffmangels (zerebrale Hypoxie) sowie eine Gehirnentzündung (Encephalitis) oder Hirnhautentzündung (Meningitis) können bis zum Koma führen.

Es lassen sich, wie schon erwähnt, verschiedene Tiefen von Koma feststellen. In leichten Fällen ist eine Reaktion auf Stimulierung, z. B. durch einige Worte oder durch Armheben, möglich. In schweren Fällen fehlt allerdings jede Reaktion – auch auf kräftige Stimulierungen. Aber auch bei tiefkomatösen Patienten sind noch gewisse automatische Funktionen vorhanden, z. B. selbständiges Atmen, Husten, Gähnen, Augenzwinkern und Augenrollen, was alles Anzeichen dafür sind, dass das Stammhirn noch intakt ist und arbeitet. Die Feststellung der Komatiefe ist wichtig für die Beurteilung und Behandlung. Auch in tiefem Koma ist das Weiterleben noch viele Jahre lang möglich, solange nur das Stammhirn noch funktioniert. Wird jedoch das untere Stammhirn geschädigt oder krank, behindert dies auch Atmen, Husten und Schlucken. Dann bedarf es einer künstlichen Beatmung und Aufrechterhaltung des Kreislaufs (Anschluss an eine Herz-Lungen-Maschine), um den Menschen am Leben zu erhalten. Der komplette und irreversible (also ein nicht rückgängig zu machender Prozess wie z. B. eine Vergiftung) Verlust aller Stammhirnfunktionen führt zum Tod.

Was geschieht?

Ferdi liegt gerade im OP. Die Ärzte um ihn herum befinden sich in höchster Konzentration und Anspannung. Vorbereitungen für eine schwierige Schädel-Hirn-Operation laufen, deren Ergebnis nicht einzuschätzen ist.

Worum geht es? Ferdis Leben zu retten…

Ferdi liegt auf dem OP-Tisch, ganz ruhig, er schläft, nur er weiß, was in ihm vorgeht, was wir auch nie erfahren werden.

Die Ärzte sagen, Ferdi befindet sich im Koma. Mit dem Begriff kann ich nichts anfangen. Ein Schrecken jagt durch mein Gehirn, Angst, Verzweiflung, Schmerz, Ohnmacht – Hoffnung? Ich rufe den Herrgott um Hilfe an, kann mich aber nicht konzentrieren. Ich brauche ein Glas Wasser, brauche einen Stuhl, um sitzen zu dürfen, weil die Kräfte in meinen Beinen versagen. Der Arzt erklärt die OP und auch die Risiken, die dabei auftreten können.

Meine Worte sind: „Der arme Ferdi!"

Sein Leben nach siebzehn Tagen Komainferno – plötzlich ist alles ganz anders: Er muss sich auf dem Höhepunkt seiner beruflichen Karriere mit dreiunddreißig Jahren von einem erfolgreichen Berufsleben verabschieden.

Eine gravierende Wesensveränderung ist nach dem Koma für seine vertraute Umgebung festzustellen, die sich im Laufe der Jahre dann noch verstärken wird und dem Partner überdimensionale Härten zumutet: Von Unannehmlichkeiten in der Gesellschaft bis hin zu Unberechenbarkeiten. Nach einem solch einschneidenden Schicksal ist Ferdi persönlich betrachtet wahrlich ein Lebenskünstler! Gleichzeitig ist er aber auch ein „Verdrängungskünstler".

Das Koma beeinträchtigt nicht nachhaltig seine Gliedmaßen, wie zum Beispiel lähmende Unbeweglichkeit von Armen oder Beinen. Seine Bewegungsfähigkeit ist schon bald nach dem Koma wieder völlig intakt. Ästhetisch ist sein athletisch wohl proportionierter Körper sozusagen unversehrt geblieben.

Eineinhalbjahre nach dem Koma verliebt sich Ferdi sogar neu mit dem zielstrebigen Elan, eine Familie zu gründen und damit seine Vorstellungen von Ehe und Familie auch trotz Koma durchzusetzen. Er ist heute überzeugt, alles ist gut und richtig so. Er ist ein starker Partner, er hat seine teils nicht einschätzbaren Grenzen und es fällt ihm auch schwer, Kompromisse zu schließen. Ferdi hat sich am Arbeitsplatz trotz Leistungseinbußen in mehr als zwanzig Jahren Arbeitsalltag nachhaltig behauptet und immer nach seinen Vorstellungen durchgekämpft. Unzählige Brückenbuch-Zeichnungen sind dabei seine ganz besondere Spezialität, die er mit wachsender Begeisterung und immer wieder neu bis zur höchsten Vollendung exakt zaubert. Niemand im Unternehmen beneidet ihn wirklich darum, denn es ist eine nervige, diffizile Kleinarbeit, die eigentlich auch kein anderer im Unternehmen tätigen will; aber Ferdis Arbeitsplatz ist dadurch gesichert.

Doch es sollte wirklich noch schlimmer kommen. Plötzlich stellt sich eine Epilepsie als Folge der Hirnverletzung bei Ferdi ein – die Vernarbungen im Gehirn durch die OP lassen die Hirnströme nicht mehr frei fließen. Das bedeutet für ihn gleichzeitig, ab sofort kein Auto mehr fahren. So etwas trifft ganz besonders einen Mann in den Lebensnerv, nicht jedoch Ferdi? Wenngleich er immer wieder die Frage stellt: „Warum darf ich eigentlich kein Auto mehr fahren?" Doch er lässt sich von Stunde an bereitwillig chauffieren. Sehr wohl behält er einen Zweit-Autoschlüssel stets griffbereit in der Tasche. Das ist auch heute, nach vielen Jahren Autofahr-Abstinenz, noch so. Gott Lob, er setzt es niemals durch, sein Auto trotz Epilepsie selbst zu steuern. Eine großartige Leistung, die dieser willensstarke Mann vollbringen kann…

Ferdis Werdegang

Nach dem Abschluss der Mittelschule 1960 beginnt Ferdi eine drei-jährige Lehre als Betonbauer, die er nach 2 1/2 Jahren wegen guter Leistungen bereits abschließen kann. Danach erfolgt seine Wehr-dienstzeit. Nach Beendigung dieser Bundeswehrzeit nimmt Ferdi ein Studium an der staatlichen Ingenieurschule für Bauwesen in der Fach-richtung Ingenieurbau in der kleinsten Großstadt Deutschlands auf. Dieses Studium schließt er mit „gut" ab und ist damit Ingenieur (gra-duiert). Jahre später, als Hildesheim Universitätsstadt geworden ist, wird ihm von der Fachhochschule auf Antrag noch die Diplomurkun-de verliehen und er ist seitdem Diplom-Ingenieur (FH) für Bauwesen.

Nach dem Studium kann Ferdi sofort nahtlos als Bau-Ingenieur tä-tig werden. Ferdi ist nämlich sehr zielstrebig und ehrgeizig. Er hat schon bald die Aufgabe, verantwortlich diverse Baustellenleitungen zu übernehmen. Die herausragenden großen Baustellen sind Papierfabri-ken. Seine Tätigkeit ist von besonderem Engagement gekennzeichnet und hektischer Lifestyle prägt seinen Arbeitsalltag. Aber er ist jung und dynamisch. Physisch ist er robust. Legt überall mit Hand an und brüllt auch schon mal über die Baustellen, wenn er es für notwendig erachtet. Sportlich ist er begabt und sehr begeistert.

Ferdi gehörte schon in seinen jungen Jahren einer Sportvereinigung „Eintracht" der Abteilung „Turnen" an. Er bestreitet hier Meister-schaften und wird zum Beispiel bei der Vereinsmeisterschaft der Tur-ner 2. Sieger. Diese körperliche Ertüchtigung ist Ferdi später einmal, nach dem verhängnisvollen Donnerstagnachmittag, von besonderem Nutzen.

Der turnbegeisterte Ferdi vor dem Koma

Neben dem Turnen, ist Fußball eine weitere Leidenschaft von Ferdi. Im Bekanntenkreis hört man: „Ferdi versteht ja was von Fußball!" Diese Beurteilung, die sein Umfeld erstaunt feststellt, erfolgt zu der Zeit einer Fußballweltmeisterschaft.

Ferdi spielt in diversen Vereinen einige Jahre Fußball in den unterschiedlichsten Positionen wie Läufer, Manndecker (die besten Spieler der Gegnermannschaft nutzlos machen) oder Libero. Dabei ist Läufer seine ganz besondere Leidenschaft. Gelegentlich wird Ferdi auch schon mal in einen in höheren Klassen spielenden Verein ausgeliehen.

Im Urlaub oder sonst wo, führt Ferdi gerne seiner kleinen Tochter die Kunst mit dem „weißen Leder" vor und weist sie in die Geheimnisse des Fußballsports ein.

Am Nordseestrand präsentiert sich Ferdi als „Fußballer des Jahres" und hat eine Menge Spaß daran gefunden.

Der verhängnisvolle Donnerstagnachmittag

Dasein zwischen Leben und Tod

Draußen ist es nass, kalt, winterlich; wir schreiben den 27. Januar 1977. Ferdi packt seine Sporttasche, pfeift lustig vor sich hin, er ist einfach in guter Laune, voller Stimmung auf das heutige Hallenfußballspiel. Die Tage zuvor trainiert er noch abends und macht Bodengymnastik, um die Muskulatur locker zu halten. Er fühlte sich voller Power und meinte so vor sich hin: „Die schlagen wir doch, Tipp 5:1 für uns, das wird den Chef freuen!" Dann geht er zum Kühlschrank, holt eine Flasche Vollmilch heraus und schiebt sie seitlich in die Sporttasche. „Die schlagen wir doch 5:1", murmelt er und tänzelt und wiehert wie ein Pferd im Stall. Ich schmunzele und sage zu ihm: „ Na Ferdi, ob du Recht hast mit 5:1. Das wäre ja auch kein Wunder, du bist ja das Phantom in der Mannschaft. Ich wünsche dir good luck, steck doch noch zwei Äpfel ein, hier nimm' sie, sie sind aus unserem Garten." Ferdi nimmt sie voller Ernst entgegen und steckt sie in die linke Hosentasche, dass diese mächtig ausbeult. Er geht sogleich schweren Schrittes die Tür hinaus. Stille ist jetzt und ich bügele die Wäsche weiter.

Ferdi kommt aufgeregt in die Sporthalle, aber die Augen funkeln. Er nimmt die Flasche Milch aus der Seitentasche und wirft sogleich die Sporttasche mit voller Kraft in die Ecke, nimmt einen Schluck Milch zu sich, putzt den Mund mit dem Ärmel ab und verschluckte sich. Er schimpfte vor sich hin, was wohl mit der Milch los ist. Nimmt noch einen weiteren Schluck zu sich, tänzelt und wiehert erneut wie ein Pferd. Da kommt Georg um die Ecke: „Na, Ferdi, trainierst du schon tüchtig?" „Halts Maul", dabei lässt er absichtlich einen… fahren, „Ich mache Entspannungstraining."

Dann nimmt er den Ball aus der Tasche, schlägt ihn zu Boden und hämmert mit beiden Fäusten abwechselnd auf den Ball, der immer bis zu einem Meter hoch oder höher springt. Das bedeutete für Ferdi Entspannung und Abbau von Nervosität.

Da viele Kollegen die Fußballleidenschaft teilen haben Ferdi und seine Arbeitskollegen eine Firmenfußballmannschaft gegründet. So hat man sich wieder einmal zu einem wöchentlichen Spiel am Donnerstagnachmittag in der Sporthalle der Kaserne eingefunden. Es spielen an diesem späten Nachmittag querbeet Kaufleute, Ingenieure, Buchhalter und deren Vorgesetzte miteinander und gegeneinander. Wie das so ist, manche „offene Rechnung" wird hier beim Spielen auf dem Fußballfeld beglichen. Ferdi ist den Spielern sportlich überlegen, bestimmt somit das Spiel. Schwache Spieler werden ausgeschaltet. Dennoch ist er nie unfair, setzt sich aber uneingeschränkt sportlich durch. Unter seinen Kollegen wird Ferdi als kleiner Superstar gefeiert und „World Coup Willi" genannt.

Dann ist es soweit: Der Anpfiff erfolgt und das Spiel nimmt seinen Lauf. Ferdi hat sich bald durch die Reihen der Gegnermannschaft getrickst, eine wahrlich bundesligareife Kulisse, dann aber verliert er in einem unkonzentrierten Moment doch den Ball. Blitzschnell will er ihn wieder im Seitenfeld herein holen, um ihn quer rüber ins Tor zu schießen. Dabei rauscht er aber nahezu ungebremst mit dem Kopf gegen die Wand und fällt danach wie ein „nasser Sack" auf den Boden der Sporthalle.

Ferdi ist sofort ohne Bewusstsein, die Kollegen geschockt und das Spiel unterbrochen. Die Mitspieler nehmen schnell bei dem Bewusstlosen eine stabile Seitenlagerung vor. Die Wache der Kaserne wird eilig informiert und das Sanitätsfahrzeug der Kaserne bringt Ferdi ohne jegliche Verzögerung ins Krankenhaus der kleinsten Großstadt. Die Ärzte der chirurgischen Abteilung sind bereits per Funk benachrichtigt. Gerade ist im Ärzteteam Feierabend angesagt, aber der leitende Arzt ruft sofort noch ein Team zusammen und sogleich nach Ankunft des Krankenwagens wird die nötige Kopfoperation an Ferdi mit dem bereit stehenden Ärzteteam in mehreren Stunden durchgeführt:

Und jetzt - Ferdi ist immer noch im Koma. O Schreck, nicht wiederzuerkennen: Schweigend, stumm, ohne Mimik, ohne Bewegung, nichts. Mein Gott, er wird doch nicht tot sein?

Im Elternhaus ist jetzt allergrößtes Leid angesagt. Die Mutter schluchzt heimlich vor sich hin, auch der Vater kämpft mit dem ihm zu Herzen gehenden Schicksalsschlag um seinen einzigen Sohn.

Ferdis Schwester und oft auch die Eltern sind fast täglich im Krankenhaus auf der Intensivstation bei ihm. Sie stehen eine lange Zeit stumm und tief betrübt neben seinem Bett, das mit vielen Schläuchen und einem Beatmungsapparat versehen ist. Gleichzeitig wird die Herztätigkeit von Ferdi durch einen immer gleichen piepsig aufschreckenden Ton aufgezeichnet. Eine Krankenschwester ist in Abständen anwesend, beobachtet den im Koma liegenden Ferdi immer wieder genau und macht eine Reihe wichtiger Aufzeichnungen.

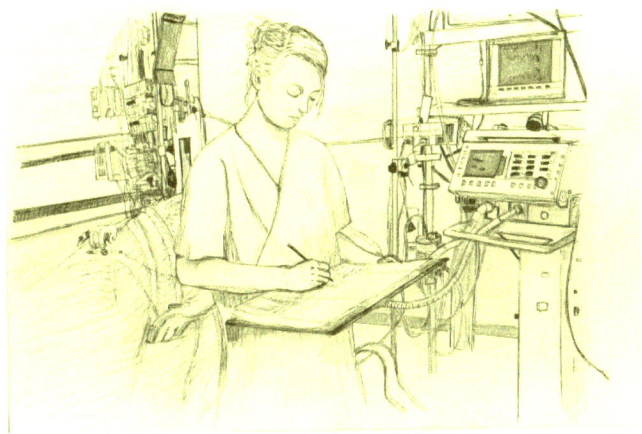

„Heute wieder kein Lebenszeichen", berichtet Ferdis Schwester Tag für Tag zuhause und seinem Freund und dessen Ehefrau mehr als 15 Tage lang ständig in gleicher Weise: „Ferdi befindet sich immer noch wie tot und im Komazustand!"

Das Hoffen und Bangen, Warten und Verzweiflung gehen aber uneingeschränkt weiter. Unzählige Gebete werden von den Eltern und vielleicht auch anderen Angehörigen gen Himmel geschickt. „Wird es etwas nützen?" Die immer wiederkehrende Frage in Ferdis Umfeld.

Ferdis Freund, der ihn zusammen mit seinem Bruder einige Male auf der Intensivstation besucht, berichtet zuhause seiner Ehefrau: „Ferdi ist nicht ansprechbar, er schaut leichenblass und wie ein um Jahre gealterter Mann gegen die Decke." Ein Bild des Grauens hat sich bei den Brüdern eingeprägt.

Für Ferdis Chef sind viele Fragen offen: Wann wird er wieder aufwachen? Was wird danach mit seiner Arbeitsfähigkeit sein? Wird er überhaupt jemals wieder arbeiten können? Der Leiter des Bauunternehmens spricht mit dem Chefarzt, dem Professor, über all seine Fragen, welcher ihm aber keine der Fragen wirklich beantworten kann. „Wir müssen abwarten", ist seine kurze knappe Antwort.

Tatsächlich, es ist wohl so, jeder Komapatient hat seine eigene Geschichte und man vermag überhaupt keine Prognosen zu stellen. Welche bleibenden Schäden werden sich zeigen? Wird der Komapatient Lähmungen davon tragen? Wird das Sprachzentrum in Mitleidenschaft gezogen sein? Inwieweit wird sein Gedächtnis wieder normal arbeiten? Ist das Charakterzentrum betroffen?

Jedenfalls sind für die Geschäftsleitung des Arbeitgebers jetzt schnelle Entscheidungen zu treffen, weil die Baustellen ja weiter- und zu Ende geführt werden müssen. So präsentiert der Arbeitgeber umgehend einen Nachfolger für Ferdis Verantwortlichkeiten auf den Baustellen.

Am 17. Tag seines Komalebens, das Wunder ist geschehen, endlich, Ferdi ist wieder aufgewacht. Welche große Freude und Erlösung aus einer bitteren Wirklichkeit ist von da an ins Elternhaus eingezogen. Die Apparaturen und Schläuche sind nicht mehr. Aber alle sind erstaunt, Ferdi muss Laufen, Sprechen, alles wieder neu erlernen. Von gleich an kommen täglich die Therapeuten und üben viele Stunden mit Ferdi. Alle freuen sich, denn es wird mit Ferdi peu à peu besser.

Dann, nach weiteren Wochen ist der Tag gekommen, Ferdi wird aus dem Krankenhaus entlassen. Nicht sofort in seine eigene Wohnung, sondern er kommt ins Elternhaus und wird hier liebevoll umsorgt. Er tobt und spielt wieder mit seinem Patenkind und die 10jährige bemerkt keinerlei Veränderungen bei ihrem Onkel.

Ferdi hat eine langjährige Jugendfreundin, die für ihn sehr wichtig ist und was mit Ferdi so passiert ist, schockt sie. Sie besucht Ferdi nach dem Krankenhausaufenthalt und sie ist verwundert: „Äußerlich hat er sich unheimlich verändert, kahlköpfig und mit Operationsnarbe am Kopf. Aber er ist jetzt fröhlich, während er vor dem Koma wesensmäßig eher verschlossen war. Ich bin sehr erstaunt, welche Wandlung ein Koma bewirken kann". Sie ist so bestürzt, dass sie dieses Leid nicht ertragen kann und entscheidet, die Freundschaft mit Ferdi nicht fortzuführen. Doch Ferdi leidet nicht. Er weiß nichts davon. Nach Wiedergewinnung des Bewusstseins, hat er sie auch vergessen. Ein Jahr später trifft er Lara – ein Augenblick der alles entscheidet und seinem Leben Perspektive und neue Zukunft gibt.

Nicht zu vergessen ist die gute Arbeit der Ärzte und des Pflegepersonals. Sie haben über ihre Kräfte mit einer schweren Operation den Kampf aufgenommen, um Ferdis Leben zu retten. Seine Gesundheit und sein Kurzzeitgedächtnis sind zwar eingeschränkt, doch kann man ihn sehr gut ertragen, weil er jetzt ein zufriedener, ausgeglichener, gleichbleibend lustiger Mensch ist und sich auch überwiegend so verhält.

Stellt man Ferdi die Frage, was er in seinem Koma erlebt hat, wird er eher etwas erregt und sagt: „Ich habe keinerlei Erinnerungen an mein Komaerleben. Ich kann nichts über das berichten, was da in mir vorgegangen ist. Ich hatte keine Nah-Tod-Erlebnisse, ich habe auch niemals Gespräche oder auch nur Stimmen mitgehört. Ich erinnere mich nur, dass ich plötzlich bei vollem Bewusstsein war und die Menschen um mich herum erkannte".

Ferdi kommt bald zu einem mehrere Wochen andauernden Rehabilitations-Klinikaufenthalt nach Süddeutschland. Er erhält Bestrahlungen für seinen Kopf und Rehabilitations-Maßnahmen für seine Extremitäten. Und in der Tat, es tritt umgehend entschiedene Besserung ein.

Die Ärzte sagen, durch sein langjähriges Turnen und den dadurch durchtrainierten und gestählten Körper, habe Ferdi diesen Unfall und seine Folgen körperlich so heil überstehen können.

Der verhängnisvolle Unfall mit seiner Komatragik und den daraus entstehenden Unfallfolgen, ist nun ein Fall für die Bau-Berufsgenossenschaft geworden mit nachfolgenden Kurmaßnahmen zur Rehabilitation von Körper und Psyche.

Schon ein Vierteljahr nach dem verhängnisvollen Donnerstagnachmittag ist Ferdi wieder an seinem Arbeitsplatz, um seine Berufstätigkeit fortzusetzen. Von jetzt an kann er aber nicht mehr die Baustellenleitungen übernehmen, weil er weder hoch noch tief auf Leitern klettern darf. So übernimmt er die Erstellung von Ingenieurbauzeichnungen im Büro am Reißbrett. „Aber er ist nicht mehr der selbstbewusst aufmüpfige, aktive, ausgezeichnete Ingenieur, der als rechte Hand der Geschäftsleitung fungieren kann", so der Chef des Unternehmens. Er hat eine totale Wesensänderung durch das Komaerleben über sich ergehen lassen müssen. „Nach dem Aufwachen aus dem Koma ist er nur noch ein Schatten seiner selbst. Er ist eher gutmütig und unkompliziert geworden. Aber die brillanten Eigenschaften einer Führungskraft sind ihm abhanden gekommen", bemerkt die Geschäftsleitung. Welche Tragik, hat sich in Ferdis Leben gravierend eingestellt und setzt sich von nun an schrittweise fort…

Jahre später tritt eine posttraumatische Temporallappenepilepsie hinzu (eine Bezeichnung, dass die Epilepsie nicht von Geburt an da war, sondern eine aufgrund des Traumas erworbene Epilepsie ist). Im Laufe der Zeit verschlechtert sich dieser Zustand für Ferdi nochmals wesentlich.

Die Magie der Liebe kommt nach dem Koma in Ferdis Leben

Ferdi hat sich zum Ziel gesetzt bis zu seinem vierzigsten Lebensjahr verheiratet sein zu wollen.

Er ist nun knapp 35 Jahre alt und erhält von einem Eheinstitut die Adresse und Telefonnummer von Lara. Er ruft sie auch gleich an. Es ist zu Bürozeiten. Sie telefonieren einige Zeit miteinander und haben viel Spaß dabei. Lara hört ihm gerne zu, weil er so unterhaltend, lustig und leidenschaftlich aufmunternd ist. Hat sie heute einen schlechten Tag, Ferdi reißt sie gleich wieder heraus. So ist er auch der Muntermacher im Betrieb unter den Kollegen. Wo Ferdi ist, wird gelacht. Ferdi ist aber auch ein gutaussehender, körperlich, sportlich durchtrainierter junger Mann. Er begegnet einem zunächst zurückhaltend, emotional ruhig, versteht es aber schnell auf der lustigen Ebene ins Gespräch zu kommen.

Oft kann man nicht unterscheiden, macht er Spaß oder Ernst. Lara eher zurückhaltend, er dagegen herausfordernd, aber sehr spannend unterhaltsam, was sich später als Voraussetzung erweist, um ihm im Leiden beistehen und helfen tragen zu können.

Im Telefonat mit Ferdi ist Lara besonders auch von seiner angenehmen Stimme begeistert. Das Fazit des Telefonates ist schließlich, dass Ferdi Lara am Buß- und Bettag in der 250 km entfernten Kleinstadt besucht.

Buß- und Bettag etwa gegen 11.15 Uhr fährt Ferdi mit seinem feuerroten VW-Golf in der Neubau-Siedlung vor.

Er findet auch gleich das richtige Haus und klingelt an der Haustür. Lara betätigt den Türöffner und geht ins Treppenhaus und beobachtet den hereinkommenden dunkelblonden Ferdi aus der ersten Etage am Treppengeländer stehend, noch ehe er sie erblicken kann.

Er trägt einen hellbraunen Rollkragen-Pullover, eine Blue Jeans und eine dicke dunkelblaue Wildlederjacke darüber.

Seine Konturen, die sie erkennen kann, sind mehr als sympathisch und die Magie der Liebe zaubert eine Legion Schmetterlinge in ihren Bauch und in ihr Herz – ein unbeschreibliches Glücksgefühl: „Das ist er, der Mann meines Lebens", denkt sie. Ferdi kommt die Treppe herauf und sie geht in Richtung ihrer Eingangstür in dem großen Flur, dreht sich um und schaut Ferdi lächelnd in sein Gesicht: „Strahlend – so als ob sich der Sternenglanz in seinen Augen widerspiegelt – ebenmäßig, hübsch, gepflegt, jungendlich ist er mit seinen 35 Jahren", denkt sie weiter. Ferdi schaut sie etwas verschmitzt lächelnd und freundlich an, so als wolle er sagen: „Du gefällst mir sehr mit deinen langen, tief dunkelbraunen Haaren und braunen Augen - ein Traum!" Sie begrüßen sich emotional und fast leidenschaftlich, innig vertraut und noch ehe sie weiter denken können – ein Highlight des Tages, das in einer Romanze mündet…

Bald geht alles ziemlich schnell. Sie verloben sich zu Ostern des kommenden Jahres. Im Mai zieht Lara schließlich zu Ferdi in die Zweizimmerwohnung, eine Firmenwohnung – schräg gegenüber dem Büroarbeitsplatz von Ferdi.

Im Oktober kaufen sie sich ein Reihenhaus, das im darauffolgenden Jahr gebaut wird.

Im gleichen Jahr heiraten sie ganz unspektakulär aber romantisch im Stadtschloss der Kleinstadt, die Lara verlassen hat, um ihrem Ferdi – der Liebe wegen in die kleinste Großstadt Deutschlands zu folgen.

Ende Mai des kommenden Jahres wird ihr einziges Kind, eine gesunde hellblonde Tochter mit großen dunkelbraunen Kulleraugen geboren und Ferdi ist stolzer, liebevoller Papa. Manchmal, ein bisschen zum Leidwesen dieses kleinen Mädchens, setzt Ferdi seine Prinzipien der Tochter gegenüber durch. Doch sie versteht es, die Schwächen des Papas herauszufinden. Das merkt man daran, wenn er glücklich strahlt, die Tochter auf seinem Arm umher turnt und an die Wangen klatscht.

Manchmal jagt sie auch wie wild hinter ihm her. Auch das ist der ein Koma durchlebte Ferdi!

Probleme mit Ferdis Arbeitgeber

Ferdi erhält bald nach dem Komaerlebnis regelmäßig im Zweijahres-Rhythmus eine dreiwöchige Kur in einem Rehabilitationszentrum und wird unter der Leitung des Chefarztes durchgecheckt, medikamentös ein- oder umgestellt und begutachtet. Nach einer sozialen Reform wird dieser Zweijahres-Rhythmus auf einen Drei-Jahres-Rhythmus geändert.

Im August 1981 soll der Einzug ins neue Haus erfolgen, aber Ferdi bekommt für Juli/August einen Kuraufenthalt verordnet. Lara warnt, diese Kur doch auf September/Oktober nach dem Einzug ins neue Haus zu verschieben. Aber zu diesem Zeitpunkt hat der Chefarzt seinen Herbsturlaub, weil seine Ehefrau als Rektorin Schulferien hat. So tritt Ferdi die Kur im August an und kommt um den 20. August zurück. Er hat jedoch die Bescheinigung für die vorgeschriebenen fünf „Nachkurtage zu Hause" nicht mitgebracht. Das ist in der Klinik schlicht vergessen worden und Ferdi hat auch nicht daran erinnert.

Der Hausarzt stellt daraufhin eine gelbe Bescheinigung, also eine Krankschreibung aus. Ferdi gibt die Bescheinigung bei seinem Arbeitgeber ab. Während dieser Tage – jetzt fataler Weise Arbeitsunfähigkeitstage – startet Ferdi seinen Umzug ins neue Haus. Chef und Kollegen vom gegenüberliegenden Büro des Arbeitgebers können seine Umzugstätigkeiten natürlich mitverfolgen. Ferdi erhält am darauffolgenden Tag seine schriftliche fristlose Kündigung mit der Begründung etwa so: Diese Tätigkeiten seien der Regeneration des Körpers abträglich! Daraufhin setzt eine enorme Nervenbelastung für Lara ein.

Auch die Hauptfürsorgestelle (heute: Niedersächsisches Landesamt für Soziales, Jugend und Familie) ist entsprechend unterrichtet. So kommt es zu einem Verhandlungstermin am runden Tisch mit dem Chef aus dem technischen Büro sowie einem weiteren leitenden Mitarbeiter aus der kaufmännischen Abteilung des ehemaligen Arbeitgebers, ein Mitarbeiter der Hauptfürsorgestelle, ein Vertreter der Berufsgenossenschaft, Ferdi und Lara als seine Ehefrau. Die Herren des Bauunternehmens eröffnen das Gespräch am runden Tisch mit der Erklärung, dass sie jetzt keinen „Sozialfall" schaffen wollen, sondern stellen eine Gehaltskürzung vor, die sie mit der fehlenden leitenden Funktionstätigkeit, der Wesensänderung von Ferdi und der damit verbundenen Leistungsminderung begründen und außerdem erhalte er ja zum Ausgleich eine Unfallrente. Das Gespräch am runden Tisch wird jetzt unterbrochen. Die Hauptfürsorgestelle, die Berufsgenossenschaft, Ferdi und Lara ziehen sich zur Beratung zurück. Die sozialen Träger raten einstimmig dazu, dieses Angebot anzunehmen, auch um einer sonst drohenden Arbeitslosigkeit zu entgehen.

Schließlich wird das Gespräch mit dem Arbeitgeber am runden Tisch fortgesetzt. Ferdi signalisiert sein Einverständnis. Lara ist mehr als geschockt und gibt sogar, aufgrund ihrer Unerfahrenheit, auf Nachfrage Auskunft darüber, wie hoch ihr persönliches Arbeitseinkommen ist. Daraufhin hört sie nur noch den Satz: „Sie haben das Einkommen von …, Ihre Frau das Einkommen von … und die Rente von … damit dürften Sie leben können." Welch eine Tragödie nimmt jetzt ihren Lauf, es wird bestimmt, was an Einkommen genügend sein soll…

Lara empfindet diese Vorgehensweise geradezu als unmenschlich und kann sich aufgrund der geschockten Situation überhaupt nicht der anmaßenden Äußerungen erwehren. Sie leidet weitgehend stumm und für Ferdi, der hingegen alles sehr gelassen nimmt und wenig emotional ist. Für ihn ist die Welt wieder in Ordnung, kann er doch weiterhin seiner Arbeit in gewohnter Weise nachgehen. Ein Arzt bezeichnet Ferdis Verhalten als das eines „Verdrängungskünstlers".

Anfang des Jahres 1989 wird das technische Büro, in dem Ferdi arbeitet, aus dem Tiefbau-Unternehmen ausgegliedert und als eine eigenständige Schwesterfirma aus Kostengründen mit Ausstieg aus der Tarifgemeinschaft etc. gegründet. Dabei wird Ferdis Gehalt erneut stark gekürzt und es wird stattdessen eine Leistungszulage gezahlt. Eine tarifliche Gehaltserhöhung wird künftig auf freiwilliger Basis und nur mit verminderter Prozentzahl gezahlt. Das zieht sich die gesamten 1990er Jahre mit vielen wegfallenden Vergünstigen sukzessive hin. Trotzdem ist Ferdi gleichbleibend motiviert, weil er ja seine Arbeitsstelle behält und deshalb tangiert es ihn wenig, auch wenn sich sein Gehalt eher rückläufig entwickelt. Weil Ferdi sich nie darum gekümmert hat, stellt Lara jetzt aber den Antrag auf eine Berufsunfähigkeitsrente für Ferdi. Diese Rente hätte Ferdi bereits unmittelbar nach dem Unfall beantragen müssen. Somit hat er eine Antragstellung um 13 Jahre versäumt. Das Bauunternehmen muss dazu eine Bescheinigung ausfüllen, was auch erfolgt, man meint aber dazu „Hoffentlich schneiden Sie sich damit nicht ins eigene Fleisch." Die Berufsunfähigkeitsrente wird umgehend genehmigt, Dieser Status hat sogar den Vorteil, dass die Rente bei Insolvenz des Bauunternehmens unproblematisch mittels Antrag in eine Erwerbsminderungsrente umgewandelt werden kann.

Eines Tages kommt es wie es kommen musste – das Unternehmen muss Mitte des Jahres 1998 Insolvenz anmelden. Zunächst zahlt das Arbeitsamt für alle Mitarbeiter drei Monate die Gehälter weiter. Der Insolvenzverwalter puzzelt die Verbindlichkeiten des Unternehmens auseinander und kündigt Ferdi zum 28. Februar 1999. Sein letztes Gehalt bezieht er jedoch nur bis Mitte Oktober 1998. Für die restliche Zeit tritt das Arbeitsamt ein.

Und wieder ist es Lara, die mit Erfolg zuvor für Ferdi eine Umwandlung seiner Berufsunfähigkeitsrente in eine Erwerbsminderungsrente beantragt hat. Diese Erwerbsminderungsrente wird Ferdi rückwirkend zum 1. Oktober 1998 bewilligt. So lässt Ferdi Lara immer wieder lobend wissen, dass es eine gute Sache ist, dass er jetzt berentet ist, sodass er seinen vorzeitigen Ruhestand sehr genießt.

Wenn man Ferdi fragt, wie er sich heute fühlt, antwortet er fröhlich: „Ich freue mich meines Lebens, dass ich trotz Koma so gut weiter leben darf."

Entwicklungssituation 30 Jahre später
- Belastungen als Ehefrau -

Als Lara Ferdi kennen lernt, erlebt sie nach vielen Enttäuschungen noch einmal die ganz „große Liebe ihres Lebens". Ohne dieses Gefühl und ohne das Erleben „Ferdi steht treu und uneingeschränkt zu ihr", hätte sie nicht all das durchstehen können, was ihr mit dem Koma durchlebten Ferdi im Laufe der Jahre alles begegnet ist.

Gleich zu Beginn ihrer Liaison sprachen sie auch darüber, dass Lara immer im Beruf bleiben möchte und Ferdi war das durchaus recht so. Schließlich hatte er zu Hause eine täglich zur Arbeit gehende Mutter erlebt. In dieser Beziehung ist er eher fortschrittlich „modern" denkend.

Doch als Lara die Probleme mit Ferdis Arbeitgeber (fristlose Kündigung) miterleben musste, wandelt sich die freiwillige Berufstätigkeit auch in eine Notwendigkeit, schließlich hatten Arbeitgeber und Amt eine Begrenzung aller Bezüge vorgenommen.

Ferdis berufsgenossenschaftliche Rente macht einen beachtlichen Teil des Einkommens aus, weil er zum Unfallzeitpunkt einen überdurchschnittlich hohen Jahresarbeitsverdienst zu verzeichnen hatte. Sollte Ferdi jedoch frühzeitig sterben, erhielte Lara insgesamt nur eine ungenügende BfA-Rente, von der sie das tägliche Leben garantiert nicht bestreiten könnte, weil die Unfallrente für den überlebenden Ehepartner ersatzlos weg fällt. Das gleiche Problem würde sie auch im Rentenalter ereilen.

Natürlich kann alles ganz anders kommen und sie kann zuerst in die Ewigkeit abberufen werden! Dennoch, Lara musste akzeptieren, ohne eigene Rentenerwirtschaftung ereilt sie vielleicht eines Tages eine Lebens- oder Altersarmut. Für sie als „fleißige Biene" eine undenkbare Vorstellung.

Dieses Wissen ließ sie schließlich auch daran festhalten, eine kontinuierliche Berufstätigkeit mit allen unangenehmen Begleiterscheinungen durchzustehen.

Als sie in den mittleren Jahren selbst erkrankte, wurde eine Reduzierung der Arbeitsstunden für sie professionell von ärztlicher Seite auf 4 Stunden täglich festgeschrieben.

Dadurch war eine wesentliche Entlastung geschehen, um die zunehmenden Belastungen in Ferdis „unfallgeschädigten Entwicklung" mittragen zu können:

- Die Termine mit den Ärzten koordinieren

- Anweisungen für notwendige Voruntersuchungen im Auge behalten und ihn rechtzeitig dorthin hinfahren.

- Berufsgenossenschaftlichen Kontakt halten.

- Berufsunfähigkeitsrentenansprüche geltend machen.

- Bei den Arztgesprächen dabei sein, weil Ferdi vieles im Kurzzeitgedächtnis vergisst, was für den Arzt aber wichtig ist.

- Einen epileptischen Anfallskalender führen.

- Medikamentöse Umstellungen überwachen.

- Medikamente rechtzeitig besorgen

und überhaupt, ständig parat stehen, um bei auftretenden Problemen schnell für ihn mit entscheiden zu können

Eine besonders belastende Herausforderung ist für Lara aber auch, dass Ferdi in seiner lustigen, fröhlichen Art die Menschen anspricht, ob bekannt oder fremd, was punktuell durchaus ankommt. Aber er ist dann der „kleine Clown" und das kann auch schon mal anstrengend sein.

Oder die Situation, in der Ferdi eines Tages urplötzlich ohne irgendeine Ankündigung oder Anfrage die größer werdende Birke auf dem dichtangrenzenden Nachbargrundstück kurzerhand umsägt. Der Eigentümer beginnt ein heftiges Streitgespräch im Telefonat mit Lara, aber es kommt dann wohl der Situation zugute, dass der Nachbar/Eigentümer nach Norddeutschland verzogen und gerade noch selbst mit einer Ehescheidung belastet ist.

Deshalb verpufft schließlich der Ärger des entfernt wohnenden Eigentümers und Ferdi kommt ziemlich „ungeschoren" davon.

Ein weiterer Ärger kommt über die Familie als Ferdi gerade aus dem Berufsleben ausgeschieden ist und jeden Morgen, Viertel vor acht Uhr einen Spaziergang in Richtung „Feldmark" unternimmt. Dabei trifft er auf eine Gruppe von Erstklässlern, die zur Schule gehen. Ferdi spricht mit den Kindern und mischte sich in deren Angelegenheiten ein und plötzlich ist er durch die Äußerung eines Kindes so verärgert, dass er spontan dieses Kind am Ohr fasst und so heftig zieht, dass das Ohrläppchen etwas einreißt. Die Eltern stellen umgehend Strafanzeige und Ferdi wird zu einer nicht unbeträchtlichen Geldstrafe verurteilt.

In der Kleinstadt kommt es beim aneinander Vorbeigehen auf dem Bürgersteig eines Vormittages zu einer Auseinandersetzung mit nachfolgender Schlägerei zwischen einem Mann, südländischen Typs und Ferdi. Der junge Mann schlägt Ferdi über dem Auge eine Platzwunde und derart blutig und zu Boden, dass Lara ihn sofort in das naheliegende Krankenhaus zur ambulanten Wundbehandlung fährt.

Seit geraumer Zeit hat Ferdi die Angewohnheit, fremden oder bekannten Menschen in der Stadt oder sonst wo den Finger in den Rücken zu halten und zu rufen: „Geld her!" Eine sehr alte Frau bekommt deshalb eine solche panische Angst, dass sie nicht mehr in der Lage ist, ihren Einkauf weiter einzupacken und sich zu beruhigen, weil sie plötzlich total verängstigt ist. Die Kassiererin kümmerte sich dann weiter um die alte, ihr bekannte Dame.

Laras Schwester, die eine Reise mit nach Berlin unternimmt, ist erschrocken über Ferdis Auffälligkeiten und meint schließlich, man könne gar nicht mehr mit ihm verreisen, das sei lebensgefährlich!

Manche Menschen nehmen es humorvoll, aber für Lara ist es immer der Horror schlechthin… Vielleicht dreht sich eine Person ausländischen Typs einmal um und sticht Ferdi ein Messer in den Bauch! Wenn Lara diese mögliche Tatsache Ferdi vor Augen führt, wehrt er dies vehement ab. Er meint, sie habe nur Angst. Dennoch, er begeht solche Handlungen immer wieder wie ein aufmüpfiges Kind (Komanachwirkungen durch verloren gegangene Hirnzellen, Hirnschädigungen).

Im Übrigen, die Ehefrau muss immer für zwei Menschen denken: Was zieht Ferdi morgens an und parat legen, weil sie möchte, dass er Sachen, die zusammen passen, anzieht (diese Fertigkeit ist ihm völlig abhanden gekommen), damit er gepflegt und unauffällig ausschaut. Sie regelt alle bürotechnischen, Haus- und sonstige anfallenden Angelegenheiten, damit das gemeinsame Leben gelingen kann.

Ferdi löst leidenschaftlich gerne Kreuzworträtsel. Dabei versteht er die meisten Fragen mit außerordentlicher Schnelligkeit zu lösen. Er selbst glaubt, dass diese Tätigkeit seinem Gedächtnis sehr zugute kommt, welches ihn sehr oft im Stich lässt und er sich nur wenig merken kann. Ferdi beschäftigt sich daneben oft mit Tätigkeiten in seinem kleinen, Reihenhausgarten, dem er eine besondere Pflege zukommen lässt. Manchmal, wenn es darum geht, die Begrenzungssteine um das Rasengrundstück von Unkrautwucherungen zu befreien, setzt er sich dieser Tätigkeit mit großem Durchhaltevermögen aus. Rasenmähen beherrscht er ohnehin aus dem Effeff.

Ferdi lässt sich sehr gerne mit dem Auto chauffieren, wobei er die landschaftliche Umgebung und die Veränderungen der Natur in den unterschiedlichen Jahreszeiten sehr genießt. Er liebt eher einen draufgängerischen Fahrstil. Und manchmal, wenn jemand sehr langsam vor dem eigenen Auto fährt, drängt er mächtig darauf, sogar an unübersichtlichen Straßenteilen dieses „Hindernis" doch zu überholen, wobei es fatal wäre, sich darauf einzulassen.

Ein neues, ganz anderes Leben ist Ferdi nach dem Koma und mit Hilfe der ärztlichen Kunst geschenkt worden...

Erfahrungen einer anderen Komapatientin

Heidemarie berichtet

Heidemarie ist blutjung mit ihren 19 Jahren. Soeben hat sie ein recht gutes Abitur hinter sich gebracht und arbeitet jetzt einige Zeit am Fließband, um sich Geld zu verdienen. Sie hat ihren Motorradführerschein bestanden und kauft sich von dem erarbeiteten Geld, das ersehnte „Moped", so nennt die Motorradfahrerin ihr Geschoss, eine heruntergedrosselte Kawasaki. Welche Freude erlebt sie aber auch, als sie ihr Moped zum ersten Mal fährt. Träume sind jetzt wahr geworden.

Und dann, die Welt schreibt das Jahr 1991… 0.30 Uhr, die Nacht vor „Christi Himmelfahrt". Heidemarie fährt selbstbewusst mit nur ca. 40 Stundenkilometern die Alfelder Straße in Hildesheim entlang. Da, auf dem Bürgersteig erkennt sie einen bekannten jungen Mann… im Rock…Er hatte sich als Nutte verkleidet, um zu sehen, wie wohl die Autofahrer darauf reagieren – tollllll. Sie wendet sich um und denkt: „Es ist mir egal, dass oder warum er einen Rock trägt, hoffentlich sieht er nur, dass ich jetzt Motorrad fahre". Da ist es auch schon geschehen. Sie prallt gegen eine Ampel, wird vom Motorrad herab geschleudert, fliegt um ein Verkehrsschild und donnert auf den Bürgersteig….

BONKA > Genickbruch.

Sie fällt ins Koma > in eine Welt mit lauter hellen Häusern und lieben Leuten. Heidemarie wird in dem eilends mit Blaulicht herbeigeeilten Krankenwagen erstversorgt und ins Städtische Krankenhaus in Hildesheim gebracht. Die Diagnose ist so niederschmetternd, dass die Eltern und Geschwister den Herrgott um Hilfe anrufen und um Heidemaries Leben beten.

Die Ärzte glauben eigentlich schon nicht mehr an dieses Wunder - da geschieht es: Heidemarie erwacht am siebten Tag aus dem Koma. Langsam kommt sie ins Leben zurück. Sie muss zunächst wieder atmen und sprechen lernen. Um den Zahn des obersten Halswirbels zu stabilisieren, müssen zwei Schrauben von einem Neurochirurgen eingesetzt werden. Weil Heidemarie nicht transportfähig ist, kommt ein Ärzteteam aus Seesen in das Städtische Krankenhaus und operiert sie. Ohne diese Stabilisierung des Halswirbels wäre keine Pflege möglich gewesen. Gott sei Dank gelingt diese äußerst schwierige Operation.

Am 18.06.1991 kann Heidemarie dann in die Rehabilitationsklinik nach Hessisch Oldendorf verlegt werden – eine Fahrstunde von Hildesheim entfernt. Von nun an erstellen die Eltern einen Plan, um sicherzustellen, dass jeden Tag ein Bruder, eine Schwester, eine Freundin, ein Freund, die Eltern oder sonst jemand bei Heidemarie anwesend ist, um sie zu betreuen und seelisch aufzubauen. Heidemarie kann nicht mehr lesen, schreiben, nicht mehr rechnen. Sie hat immer Doppelbilder, die sie quälen. Sie lernt alles schnell wieder, denn:

„So leicht stirbt man nicht",

wie sie den Titel ihres späteren Buches nennt. Sie muss auch zurecht kommen mit nur einem Arm, weil der andere gelähmt bleibt. Der Armnerv ist beim Schleudern um das Verkehrsschild aus dem Rückenmark heraus gerissen worden. Leider bringen ihr die Operationen des linken Armes und die langen Rehabilitations-Behandlungen nicht die erhofften Bewegungsmöglichkeiten zurück. Heidemarie kann zwar einen Arm gut und beide Beine wenig bewegen – sie ist nicht querschnittgelähmt – aber die Koordination von Ober- und Unterkörper ist schwierig, weil sie eine starke Störung des Gleichgewichtes hat. Der Bewegungsablauf ist für gesunde Menschen so einfach koordiniert, aber dann geschieht ein Unfall und alles ist tragisch: Bewegungen werden schwierig und kompliziert. Sekunden eines Unfalls haben über Heidemaries weiteres Leben entschieden – sie wird eine „rollstuhlfahrende Tetraspastikerin mit Schlabberarm", wie sie selbst schreibt.

Aber sie will leben und sie kämpft sich ins Leben zurück. Im Februar 1992 kommt Heidemarie dann in die Rehabilitationsklinik nach Soltau und wird zu ihrem Geburtstag am 01.09.1993 nach Hause zu ihren Eltern entlassen.

Heidemarie studiert jetzt zwei Semester Grafik-Design an der Fachhochschule in Hildesheim. Das Cover ihres Buches „So leicht stirbt man nicht" entwirft sie selbst. Sie malt sich im Rollstuhl sitzend auf das Cover. Das Studium muss sie aber wegen der starken Ataxie (eine Störung der Bewegungskoordination) des rechten Armes aufgeben. Wieder zerplatzt ein Traum.

Heidemarie macht nun eine 4jährige Bürolehre.

Heidemarie wohnt in einer Wohnung, die ihre Eltern für sie behindertengerecht eingerichtet haben. Trotz ihrer schweren Behinderung kann sie jetzt dort alleine leben, weil sie Notfall-Pieper benutzen kann, um sofort um Hilfe zu rufen. Die Eltern stehen Tag und Nacht zur Hilfe bereit und verzichten auf vieles.

Heidemarie verrichtet danach in einer sehr nahe gelegenen Behörde eine Arbeit, die ihr gut gelingt. Sie fühlt sich dort auch sehr wohl, weil die meisten Mitarbeiter nett zu ihr sind.

17 Jahre sind vergangen, in denen Heidemarie nun schon auf den Rollstuhl angewiesen ist. Depressive Stimmungen begleiten sie oft, denn sie ist jung, Mitte dreißig und hat Träume, Visionen, wie wohl jede junge Frau. Ihr Freund ist drei Monate nach ihrem Unfall einfach weggeblieben.

Da sind jetzt Heidemaries Neffen und Nichten. Sie möchten mit ihr tollen und herumalbern, aber auch kleine Kinder lernen sehr schnell, sich umsichtig um sie zu kümmern.

Nachdenklich stimmt die nun folgende Geschichte, die von Heidemarie selbst geschrieben wurde:

Schöne Jahre? Na ja, relativ... Nein, im Ganzen hätte es doch sehr viel besser sein können, wenn... „Wenn was? Wenn dein Leben damals **NICHT** gerettet worden wäre?"

Ich gucke mich um. Neben meinem Bett steht ein gutaussehender junger Mann, der mich anlächelt. Ich sehe ihm in die Augen und lächele zurück. „Du kennst die Geschichte? Mein Schicksal?" Der junge Mann nickt. „Wenn du diese Geschichte kennst – ich kann ja mal vorsichtig nachfragen – ließe sich die Zeit zurückdrehen?" Eine Pause entsteht. Sein Gesicht wirkt jetzt traurig, er atmet tief durch, schaut mir noch einmal in die Augen: „Wenn ich die Zeit für dich zurückdrehe, muss ich sie doch auf für die anderen zurückdrehen. Irgendwie steht alles in Verbindung miteinander, und wer weiß, ob die Entscheidungen der anderen dann nicht anders ausfallen würden... ein Krieg könnte entstehen... ein Weltkrieg!"

Lange sehen wir uns in die Augen, das macht müde und ich schlafe ein. Nun erwache ich. Ich recke und strecke mich im Bett... Im Bett? In welchem Bett? Ich schaue mich um – mein altes Zimmer im Haus meiner Eltern! Jetzt versuche ich aufzustehen, denn nirgendwo ist ein Rollstuhl zu sehen. Bravo! Wie „gewohnt" stehe ich auf, wackele mit beiden Armen, gehe vor den großen Spiegel und betrachte meinen Körper... normal... gesund... heile... wie gewohnt.

Im Flur höre ich meine Schwester: „Nina, kannst du mir sagen, welches Datum wir haben?"

Die Tür öffnet sich, Nina betritt das Zimmer. „Heidemarie, na ja, das Datum weiß ich nicht, aber morgen ist „Christi Himmelfahrt". „Aber bitte sage mir, Nina, welches Jahr wir haben?" „Ach, Heidemarie, dasselbe Jahr wie gestern… 1991."

Hey, denke ich mir, dann ist ja das Wunder geschehen und **Alles** geht wieder! Ich hatte also keinen Motorradunfall, der den Rest meines Lebens verändert… „zerstört"!

Eigentlich sollte ich jetzt lieber NICHT Motorrad fahren… aber… Ich könnte doch wieder Moped fahren und werde KEINEN Unfall bauen! Denn warum sollte ich aufs Mopedfahren verzichten?

Das macht doch Spaß!

Das sage ich und steige am Abend wieder auf meine „Maschine". Ha, und wenn dieser Blödmann mit Rock auf dem Bürgersteig steht… Na, und ?!

Ich fahre an ihm vorbei, gucke stolz zu ihm rüber, denke: „Ich bin doch nicht blöd" und donnere „wie gewohnt" gegen die Ampel.

Merken Sie was?

Okay, das nächste Mal werde ich einfach an ihm vorbei fahren und die Hand zum Mopedgruß heben.

Wo ich doch genau davon immer geträumt habe!

So leicht stirbt man nicht

Heidemarie Hartung

Wie oft hatte Emma diese Worte schon gehört? So leicht stirbt man nicht…

Als sie dachte, dass sie am ewigen Juckreiz der Windpocken zugrunde gehen würde…

oder… vor schwierigen Prüfungen…

Was hatte sie gezittert und behauptet, dass sie das alles nicht überleben werde… Doch bei jeder Gelegenheit wurde ihr verkündet: So leicht stirbt man nicht… stirbt man nicht…

Auch jetzt gehen ihr diese Worte immer und immer wieder durch den Kopf… Nein. Auf alle Fälle trifft dieser Satz nicht zu. Sie erlebt es doch am eigenen Leibe. Bald wird sie, Emma, tot sein.

Als der Arzt ihr gesagt hatte, dass keine Hoffnung mehr für sie besteht, hatte sie angefangen zu weinen, erst leise, aber der Schmerz in ihrem Herzen… das drückende Verlangen, gerade jetzt jemanden zu brauchen, wird stärker und stärker… Emma schluchzt laut auf… lässt ihren Gefühlen freien Lauf und schreit ihre Gedanken offen heraus. Sie möchte, dass jemand kommt… sie festhält… nur einfach fest hält, damit sie seine Wärme, Gesellschaft spürt. „Pah, so leicht stirbt man nicht… das ist nicht wahr! Oh ja, man stirbt ganz leicht! Von heut' auf morgen: Bums… aus ist es."

Als Emma wieder aufwacht, sitzt der Arzt an ihrem Bett. Er lächelt.

Emma kommt dieses Lächeln sehr heuchlerisch vor. Aber heute, so sagt sie sich, gebe ich mir Mühe, vernünftig und ruhig zu sein. Der Arzt fängt an zu sprechen, sagt, dass es ihr im Augenblick noch gut geht. Kann er aus seinen Berichten, Tabellen und Symptomen schließen, wie sie sich fühlt? Sie hat Schmerzen… oder will sie sich zumindest einbilden, damit der Arzt mit seinem heuchlerischen Lächeln endlich mal im Unrecht ist. Sie lächelt zurück.

„Emma… aber… Sie sind sehr krank. Wir können Sie nicht heilen. Sie werden sterben." Emma denkt an den Tod und daran, dass er ihr das schon gesagt hatte. „Sie sind eine junge Frau, die noch viele Jahre vor sich hätte…"

Er will mich totquälen, denkt sie. Warum macht er es mir und auch sich so schwer?

Der Arzt redet weiter, er versucht es ihr zu erklären. Er spricht über technische Fortschritte und Möglichkeiten, die sicher bald vorhanden sind. Er spricht über Zeit und über sie, Emma. „Emma, ich habe zwar nicht die richtige Art, Ihnen so etwas beizubringen, aber… nun… wir haben die Möglichkeit, Sie so einzufrieren, dass sie, wenn eine Behandlung gegen Ihre Krankheit gefunden worden ist…, dass Sie dann wieder aufgetaut werden könnten und das Leben, das noch vor Ihnen liegt… als gesunder Mensch…"

Emmas erster Gedanke ist der, den sie jetzt formuliert: „Raus!" Der Arzt lächelt, nickt dann verständnisvoll und sagt im Gehen: „Überlegen Sie es sich gründlich. Wir werden noch genauer über diese Möglichkeit miteinander sprechen."

Alles, was Emma jetzt spürt, ist Wut. Wut auf den Arzt, die Krankheit, Wut auf dieses Lächeln und diese Möglichkeit. Was soll das? Warum stellt das Leben gerade ihr immer neue Probleme? Warum immer ihr?

Emma hat eine furchtbare Nacht hinter sich. Schlimmer als all ihre furchtbaren Nächte je waren. Nicht, weil sie so unerträgliche Schmerzen gehabt hätte… nein, … es war tiefer. Der Arzt hatte Schuld. Er mit seinem ewig heuchlerischen Lächeln… Immer und immer wieder ist er in ihr Zimmer gekommen und hat sich tief zu ihr hinabgebeugt, bis sein Lächeln ihr Gesicht zu berühren schien. Seine Augen fragten sie nach einer Antwort. Sie hat nicht gewusst, was er wollte…

Während sie nachgedacht und sich den Kopf zerbrochen hat, sind seine Augen hell und wässrig geworden, sein heuchlerisches Lächeln versteinert, sein Gesicht grau und faltig. Es ist gealtert. Voller Entsetzen hat Emma an sich herabgeschaut. An ihr hat sich nichts verändert. Doch ganz plötzlich ist ihr kalt. So enorm kalt, als würde sie erfrieren, doch sie lebt. Sie schaut zum Arzt, aber sie sieht ihn nicht mehr. Auf dem Boden vor ihrem Bett liegt ein Skelett. Um sie herum ist Eis, Kälte. Vor Ekel und Entsetzen schreit Emma laut auf: „Nein!"

Dann hat sie gemerkt, dass es nur ein Traum gewesen ist. Nur ein Traum?

Der Arzt wird bald eine Antwort, eine Entscheidung von ihr verlangen. Sie weiß, sie will sich nicht einfrieren lassen. Das ist es doch, was der Arzt wissen möchte. Nein. Niemals. Sie denkt daran, wie alle Menschen altern und sterben, Menschen, die sie jetzt kennt... Freunde. Doch sie, Emma, würde unberührt daliegen. Weder tot... noch lebend... verharrend auf einen in ungewisser Ferne liegenden Augenblick... Wird dieser Augenblick überhaupt jemals kommen? Nein, nicht mit ihr. Sollen sie sich doch ein anderes Opfer suchen.

Als eine Krankenschwester den Raum betritt, hat Emma Tränen in den Augen... Doch die Fremde bemerkt es nicht. Frohgelaunt wünscht sie der Kranken einen wunderschönen guten Morgen. Was an diesem Morgen ist schön?

Emma schreibt einen Brief. Einen Brief an die Welt. Er soll veröffentlicht werden, wenn sie tot ist... Damit die Menschen wissen, was es für eine „Möglichkeit" gibt... und was diese „Möglichkeit" zu bedeuten hat. Wie schwer es ist, solch eine Entscheidung zu fällen... und was diese Entscheidung zu bedeuten hat...

Noch ist das Blatt Papier in Emmas Händen leer. Was könnte sie schreiben? Fragen gehen ihr durch den Kopf. Was wird aus der Welt? Sie hat doch so viel zu sagen,... aber wie soll sie sich ausdrücken?

Sie schreibt: „Sehr geehrte Lebende". Nein. Das ist nicht gut. Sie streicht es durch und schreibt:

„An die Welt. Ich weiß nicht, ob ich je für dich etwas bedeutet habe, doch ich liebe dich. Wie geht es der Natur? Sind die Menschen noch glücklich?" Emma denkt nach. Was heißt „noch"? Waren die „Menschen" überhaupt jemals richtig glücklich? Tränen stehen in Emmas Augen. Früher hat sie selten geweint, aber in letzter Zeit kommen ihr dauernd die Tränen. Was nützen sie ihr? Eine Träne fällt auf das Papier. Emma umrandet den feuchten Fleck mit ihrem Stift. „Die Träne einer Toten" geht ihr durch den Kopf. Immer wieder laufen Tränen über ihre Wangen. Einige Tropfen auf das Papier, verwischen die Tinte… Emmas Worte an die Welt.

Schon lange sind die Tage düster. Dunkle Wolken bedecken den Himmel. Drohend… Regen… Emma liegt in ihrem Bett. Sie denkt über den Tod nach. Nicht mehr da sein… nicht fühlen… nicht denken… Was wird „danach" sein? Emma glaubt an keinen Gott. Früher hatte sie ihm vertraut. Doch seit sie von der Krankheit weiß, hat sie ihr Vertrauen, ja, ihren ganzen Glauben an IHN verloren. Gott… nein… so etwas gibt es nicht. Das ist eine Erfindung der Menschen, die sich… Was wollen die Menschen eigentlich von einem Gott? Was versprechen sie sich von ihm? Sie bekommt keine Antwort. Antwort…

Der Arzt weiß noch nichts von ihrem Entschluss. Aber sie will nicht mit ihm darüber reden. Emma schläft ein… mit dem Gedanken an Gott. Gott, DU bist nicht da, nicht wahr?

Als sie aufwacht, sitzt der Arzt an ihrem Bett. Wie lange ist er schon hier? Wie lange beobachtet er sie schon?

Emma blickt ihm tief in die Augen. Er lächelt. „Guten Morgen, Emma!" Sie lächelt zurück. „Ich freue mich, dass Sie durchgeschlafen haben. Das tut Ihnen gut." Emmas Wut ballt sich gefährlich… Sie lächelt weiter.

„Nun, ich hoffe, dass Sie sich ein paar Gedanken zu unserem Gesprächsthema von neulich gemacht haben…" Ich brauche nicht darüber nachzudenken, denkt Emma, doch sie sagt nichts, lächelt nur. Der Arzt redet weiter, versucht zu erklären… mit Hilfe seiner Hände betont er das Gesagte. Emma versucht erst gar nicht zuzuhören. Die Worte des Arztes kommen nicht gegen die Wand an, die sie um sich herum aufgebaut hat. Der Arzt verabschiedet sich plötzlich von ihr. „Lassen Sie sich alles gründlich durch den Kopf gehen."

Wieder allein legt sich Emma im Bett zurück und schaut aus dem Fenster. Die Sonne scheint. Keine düstere Stimmung mehr. Emma sieht Vögel, grüne Blätter, hellen Himmel. Sie spürt das starke Verlangen, draußen spazieren zu gehen. Schnell steht sie auf und zieht sich an. Vor Aufregung zittert sie am ganzen Körper.

Emma nimmt ihre Schuhe in die Hand und schleicht sich aus dem Krankenhaus. Als sie die dunklen Gänge, den stechenden Geruch, alle Ärzte und Schwestern außer Reichweite hat, atmet sie auf. Ein paar Spaziergänger drehen sich nach ihr um, da sie laut lachend zu tanzen und zu springen angefangen hat. Wie lange ist Emma schon nicht mehr draußen gewesen? Ewigkeiten, so kommt es ihr vor.

Doch nun spürt sie Schmerzen. Nein, sagt sie zu sich selbst, du musst vorsichtig sein… Ruhig geht die Kranke weiter, bewundert die Schönheit der Dinge der Natur. Nach einiger Zeit bleibt sie stehen. Wird sie, Emma, denn diese Schönheit bald nie wieder bewundern können? Sie wird sterben. Nie wieder spazieren gehen? Ihr innerster Kummer kommt aus ihr heraus, überschwemmt sie. Sie gibt sich ihrer Verzweiflung hin, dreht sich… breitet die Arme aus und ruft laut: „Der Abschied ist so schwer! Oh, du Welt! Warum machst du mir den Abschied so schwer?"

Aber, musste sie denn Abschied nehmen? War da nicht auch eine Möglichkeit, von der der Arzt immer sprach? Emma wird es schlecht und ihre Schmerzen kann sie nicht mehr unterdrücken. Ohnmächtig bricht sie zusammen.

Emma wird langsam wach, öffnet ihre Augen und blickt um sich. Ein weißer, kahler Raum, ein Fenster und schönes Wetter. Sie liegt in ihrem Krankenbett. Wie ist sie hierher gekommen? Was war passiert? Sie schließt die Augen noch einmal und überlegt. Der Arzt betritt das Zimmer. „Guten Morgen, Emma." Zu ihrem Erstaunen lächelt er. Warum schimpft er nicht? „Was ist los mit Ihnen, Emma?" Er zieht die Augenbrauen zusammen. „Warum schauen Sie mich so komisch an?" Emma wundert sich, dass er ihr keine Vorwürfe wegen ihres Ausfluges macht. Sie fragt: „Was ist passiert?" Während sie in den fragenden Blick des Arztes schaut, kommt ihr ein Gedanke… Aber es war doch alles so real!

Leise spricht sie zu sich selbst: „Ich… ich habe geträumt… nur geträumt. Ich… der Abschied fällt so schwer."

Emma hält inne, guckt dann dem Arzt direkt in die Augen. „Bitte erzählen Sie mir mehr über die Möglichkeit, eingefroren zu werden."

Emma sitzt aufrecht in ihrem Bett und summt. Die Musik, die aus dem Radio kommt, kennt sie… von früher. Für das, was sie tut, braucht sie ihre gesamte Aufmerksamkeit… sie strickt. Stricken gelingt ihr nicht mehr so gut wie früher. Sie ist aus der Übung gekommen, gibt sich aber große Mühe. Denn ihr Lebenswille ist zurückgekehrt. Die Kranke hat sich entschieden, die Möglichkeit, die ihr geboten wird, wahrzunehmen, zuzugreifen und das Leben, das noch folgen wird, zu leben. Emma wird sich einfrieren lassen und ist mit ihrer Entscheidung zufrieden. Der Arzt war auch zufrieden… mit Emma… mit sich. Sein Lächeln war dabei wieder heuchlerisch, aber es kam Emma nicht mehr ganz so furchtbar vor. Emma legt das Strickzeug beiseite und sich zurück.

Ist sie glücklich? Seitdem sie ihre schwerwiegende Entscheidung gefällt hat, spürt sie so ein Kribbeln im Bauch. Das ist das Neue, beruhigt sie sich.

Ihre Augen sind geschlossen, ihre Gedanken weit weg… in ferner Zukunft. Sie stellt sich vor, wie es sein wird.

Ehrfürchtige Stille… ja, in ehrfürchtiger Stille werden die Ärzte um sie herumstehen und zusehen, wie sie wieder aufwacht. Sie wird etwas Besonderes sein. Emma muss lächeln. Sie wollte schon immer etwas Besonderes sein! Der erste Mensch, der eingefroren wurde. Die Leute werden an ihrem Beispiel neue Hoffnung fassen. Die Zukunft wird sehen, wie Emma, vor vielen Jahren ein hoffnungsloser Fall, ihren ersten Schritt zur Genesung tut. Sie wird gesund, leben. Das spürt sie schon jetzt ganz deutlich.

Wie werden die Menschen in der Zukunft leben? Wird es „besser" sein als gegenwärtig? Werden sie einen Weg finden, die Natur außer Kraft zu setzen, um sich selbst zu retten? Emma wird das alles erleben. Sie wird den zukünftigen Menschen dann „direkt" von „früher" erzählen können.

Tage vergehen. Viele Tage, an denen überhaupt nichts geschieht. Nutzlose Zeit, denkt sich Emma. Die Zeit, die mir noch in dieser Zeit bleibt, verstreicht als nutzlose Zeit. Wortspielerei. Sie lächelt ein wenig, doch es ist kein leichtes Lächeln. Emma verkriecht sich in ihren Kissen. Draußen ist es dunkel, Nacht. Sie muss über das Wort „Zeit" nachdenken. Es schwirrt ihr im Kopf herum, dreht sich, wie eine Tanzmaus, die versucht sich in den eigenen Schwanz zu beißen.

Zeit… Zeit… Sie kann nicht schlafen, dreht sich in ihrem Bett wie eine Tanzmaus, denkt an Zeit… denkt an Menschheit… denkt an Freunde. Freunde? Sie hatte es nicht bemerkt, aber wie lange ist es her, dass ihre Freunde sie mal besucht haben? Sie schreiben nicht einmal. Warum? In Emmas Kopf wird es dunkel. Alle Heuchler. Keiner von ihnen war ein echter Freund. Kann sie sich so sehr in ihnen getäuscht haben?

Einen Moment lang herrscht die Schwärze in ihrem Kopf. Emma zerschneidet sie dann. Was soll's. Sie, Emma, wird leben, wenn sie alle tot sind… Heuchler. Dann ist es nicht schade, von ihnen Abschied nehmen zu müssen; Ha! Sie kommen ja nicht einmal zum „Abschiednehmen"!

Das Lächeln auf ihren Lippen erstirbt. Wird es denn überhaupt jemals richtige Freunde geben? Ist denn die Welt so furchtbar schlecht? Schlecht… schlecht… Es klingt wie ein Echo. Emma schüttelt den Kopf. Nein. Die Welt wird anders sein. Es wird eine andere Gesellschaft sein.

Aber Menschen ändern sich doch nie richtig. Sie werden sich von den heutigen Menschen unterscheiden, aber es werden immer Menschen sein.

Wird sie, Emma, in die neue Ordnung hineinpassen? Wird sie sich wohlfühlen? Denken die Ärzte denn überhaupt an ihre Zukunft oder ist sie nur so ein „Versuchsobjekt"? Ja, wie die kleine, weiße, dumme Tanzmaus. Aber sie ist Emma! Innerlich schreit sie laut auf. Sie dreht sich unruhig im Bett herum. Vielleicht gibt es die schöne Welt, von der der Abschied so schwer fällt, dann gar nicht mehr! Dann will sie dort nicht leben. Was soll sie tun? Sich die Zukunft anschauen und Selbstmord begehen, wenn sie ihr nicht gefällt? Was für eine Heuchelei!

Wieder kommt die Verzweiflung in ihr hoch. Warum muss sie bloß so viel denken? Wenn sie nicht denken würde, wäre sie wie die kleine, weiße, dumme Tanzmaus, das Versuchsobjekt. Aber genau das ist es doch, was die Ärzte von ihr wollen! Sie ist ein Versuchsobjekt.

Emma sieht die Maus, wie sie sich dreht, versucht, sich selbst in den Schwanz zu beißen. Sie dreht sich… immer weiter… und ihre dummen Augen sind starr auf den Schwanz gerichtet. Sonst sieht sie nichts, und sie dreht sich… Nein! Das bin ich nicht! In Emma sträubt sich alles. Oh Gott, was soll ich tun? Ach, was frage ich DICH? DU kannst nicht antworten, weil DU ja nicht einmal da bist. …Gott, wenn es DICH gibt, hilf mir. Was soll ich tun?

Mal denke ich das eine, dann das andere… und dazwischen heule ich wie ein kleines Kind. Das Ganze macht mich krank! Ha! Wie treffend. Krank… verdammt, ich bin krank! Wieder lächelt Emma… ein schweres Lächeln.

Was soll's. Ich muss irgendwann sterben. Früher oder später. Soll ich etwa den Ärzten Befriedigung verschaffen und sie an der kleinen, weißen, dummen Maus herumexperimentieren lassen...?

Aber ich lebe doch so gerne!

... Vielleicht vergessen sie mich auch! Ich werde daliegen, erstarrt, krank, nicht tot, nicht lebend bis ich bei einem Stromausfall verfaule.

Oh Gott, wie schrecklich. Gott? Wieder dreht sie sich in ihrem Bett unruhig...

Emma hat Schmerzen. Furchtbare Schmerzen... Sie reißen sie auseinander. Nun fängt sie an zu schluchzen. Tränen.

Viele dicke Tränen. Tränen, die die Gedanken wegwischen. Alle.

Nur ein „was soll ich tun?" ist übrig geblieben, schwebt wie eine große Reklame-Leuchtschrift über der eingeschlafenen Emma.

Sie schläft ruhig.

Und in dieser Nacht wurde ihr die schwierige Entscheidung abgenommen.

Die Krankenschwestern finden sie am nächsten Morgen.

Leblos, aber mit einem ruhigen Lächeln.

Die großen Buchstaben der Frage über Emmas Körper können sie nicht sehen.

Die sind in der Nacht erloschen...

"Birgit, bist du bereit zu bleiben? Du kannst bleiben!"

Birgit Janez berichtet

Birgit Janez ist heute 42 Jahre alt, verheiratet und hat zwei Kinder. Sie lebt seit ca. 20 Jahren in der Vorderrhön in Hessen, aber eigentlich ist sie in West-Berlin geboren und aufgewachsen.

Der Kalender zeigt das Datum 11. September 2006 an: Es ist der Tag an dem dieser schreckliche Unfall passiert. Birgit galoppiert mit ihrem Pferd Natascha (schwarze Mähne) und ihrem Sohn, der mit dem zweiten Pferd Jenny (blonde Mähne) ebenfalls mit ihr unterwegs ist, über das nahegelegene Wiesengrundstück.

Ihr Sohn ist ihr mit Jenny etwa 800 m voraus. Da beobachtet sie wie sich Jenny im Galopp eine Hornisse vom Unterbauch streifen will und galoppiert mit Natascha schneller an die beiden heran.

Jenny richtet sich in einem Moment auf zwei Beinen auf, aber es misslingt ihr, die Hornisse vom Bauch abzutreten. Plötzlich tappt ihr Pferd in eine Wiesenmulde, beide Vorderbeine knicken auf dem Boden ein und das Pferd wirft sie ab. Sie knallt fürchterlich auf den Boden, doppelter Beckenbruch und nichts geht mehr. Gleichzeitig ist ihr Sohn von seinem Pferd Jenny abgeworfen worden und liegt ebenfalls am Boden. Mühsam kann sie ihr Handy noch greifen und wählt eine Nummer, die ihr gerade im Kopf ist. Sogleich ist ihre Nachbarin am Apparat. Sie bittet sie, den Krankenwagen zu rufen und erklärt ihr, dass sie und ihr Sohn mit ihren Pferden einen Unfall hatten. Es dauert aber in ihrer Erinnerung noch Ewigkeiten, ehe der Notarztwagen bei ihr am Unfallort ist.

Den Sanitätern gelingt es nicht, sie ohne fürchterliches Schreien auf die Trage zu heben. So bringen die Männer zunächst ihren Sohn mit einer Gehirnerschütterung ins Hünfelder Krankenhaus. Ein weiterer Krankenwagen kommt, um sie abzuholen. Der anwesende Arzt entscheidet: „Wir müssen Sie narkotisieren" und noch ehe sie Veto einlegen kann, erlebt sie ein wunderbar helles Licht, welches hell und heller wird mit wunderschönen verschiedenen, kräftig leuchtenden Farben. Sie erkennt aber gleichzeitig auch noch das Innere des Krankenwagens und fühlt sich als ängstliches kleines Mädchen und bekommt sogleich noch größere Angst. Dann wird das Licht noch einmal heller und strahlend. Sie fühlt sich wohl und wohler, wie „zu Hause" angekommen, vergeistigt und körperlos.

Ich bin von euch gegangen, nur für einen Augenblick und gar nicht weit. Wenn ihr dahin kommt, wohin ich gegangen bin, werdet ihr euch fragen, warum ihr geweint habt.

Alles erlebt sie dreidimensional und drei ist plötzlich eine ganz wichtige Zahl für sie. Dieses stufenweise Erleben nimmt sie nur mit den Augen wahr und erfährt jetzt viel mittels Gedankenübertragung. Sie hört alles und es gibt keine Spur von Zweifel, dass sie es nicht verstehen kann. Es gibt keine Grenzen. Viele liebe Menschen sind um sie herum und ihr Leben läuft wie im Zeitraffer an ihr vorbei. Es werden ihr Begebenheiten präsent, die sie schon jahrzehntelang vergessen hatte. Sie erfährt, die Erde ist ein Lernplanet, ein ganz wichtiger Planet, weil dort die Menschen auf Gottes Ewigkeit vorbereitet werden.

Und Gott ist ein unendlich liebendes Energiewesen. ER ist positiv, ER ist Vertrauen, Anerkennung und Wertschätzung und sie, sie ist ein Teil davon. Sie erfährt weiter, dass sich um Tschernobyl Tausende von Engel eingeschaltet haben, um diese atomare Katastrophe so gut es möglich ist zu neutralisieren, um Leben zu erhalten. Sie erlebt alles bejahend, anerkennend und nicht ein Hauch von Unwohlsein begleitet sie. Sie begegnet auch ihrem Schutzengel.

Plötzlich, inmitten dieses wunderbar erquickenden Daseins, ergeht die Frage durch das helle strahlende Licht an sie:

„Bist du bereit zu bleiben? Du KANNST bleiben!"

Sie überlegt, doch sie kann nicht. Sie denkt an ihre Familie und ihre zwei Kinder. Es geht für sie nicht zu bleiben und sie fühlt sogleich wieder ihren Körper, wieder die unsäglichen Schmerzen und erwacht im Röntgenraum des Krankenhauses in Hünfeld. Sie hat das Bedürfnis, den Ärzten von ihrem Erleben zu berichten, aber diese wiegeln nur ab und erklären ihr: „Wir haben Sie in Narkose gelegt, das ist eine Fehlschaltung vom Gehirn!"

Doch sogleich weiß sie, das ist nicht richtig, was die Ärzte jetzt sagen, sondern sie hatte eine Offenbarung Gottes, sie war dabei geistig voll aufnahmefähig.

Ihr Leben hat sich seitdem völlig verändert. Gott und die Engel haben fortan eine große Bedeutung in ihrem Leben. Sie war nie eine Kirchgängerin, höchstens mal zu Weihnachten und Gott war ihr ziemlich fern. Aber sie hat durch dieses Erleben den persönlichen Gott erfahren, der sich um sie kümmert und mit dem sie zu jeder Zeit ohne Voranmeldung sprechen kann. Dem sie alle ihre Sorgen mitteilt und von dem sie Hilfe, Beistand und Antworten erwartet und auch bekommt.

Birgit sagt weiter: Durch dieses Nah-Tod-Erleben sieht sie die Aufgabe an sich gestellt, den Menschen von dieser unendlichen Gottesliebe zu berichten, um ihnen dadurch die Angst vor dem Tod zu nehmen.

Sie muss den Menschen zeigen, dass alles auch liebevoll machbar ist und dass dies der bessere Weg ist.

Unser nächtlicher Schlaf z. B. ist der Energieanschluss an die Ewigkeit Gottes.

Von dort her erhalten wir die energetische Kraft für unser Leben hier auf der Erde.

Und Birgit offenbart weiter, dass es in der Ewigkeit einen Ort bei Gott gibt, der so wunderbar ist, wofür es eigentlich keine menschlichen Worte gibt.

Es gibt aber auch einen Ort der Gottesferne, das ist ihr durch dieses Erleben bewusst geworden und sie gibt es hier zweifelsfrei weiter.

Nachwort

*Menschen, die ein Koma durchlebt haben
und die die Folgen daraus
ein Leben lang tragen müssen,
gehören sicher zu den Schwächeren
in unserer Gesellschaft
und bedürfen deshalb
eines besonderen Schutzes.*

Immer ist ein Staat so stark wie er es auch versteht den Schwachen im Lande Chancen zu geben.

Eine Demokratie hat sich zudem zum Grundsatz gemacht, die Würde des Menschen in allen Fällen zu achten.

Es bedarf sicher einer besonderen Würdigung und Anerkennung eines Menschen, der ein Koma durchlebt hat, aber dennoch die verbliebene Kraft voller Ehrgeiz im Berufsleben einsetzt.

Viele Hoffnungen und Erwartungen bleiben täglich auf der Strecke.

Für die Angehörigen bleibt die Gradwanderung, den Koma-Betroffenen zwar immer wieder zu fordern, aber auch nicht zu überfordern.

Hedwig Gerda Gutberlet-Zerbe ist seit 2006 als freischaffende Autorin tätig. Außerdem:

➢ Spezielles-Coaching seit 2005

➢ Tätigkeit als "Mutmacherin für Menschen mit Depressionen"

➢ Video: www.hilfe-depressionen.de/video/ zur Antistigmatisierung und Enttabuisierung 2009 – 2011

➢ DGPPN-Antistigma-Preis-Bewerbung 2010 (ansehen)

➢ Einladung 2011 zum DGPPN Kongress

➢ Ausbildung zum Seminarleiter und Coach (Zertifikat)

➢ Persönlichkeitstrainer und Mentaltrainer (Zertifikat)

➢ MENTAL-COACH [insbesondere für Menschen mit Depressionen]

Ihr Motto:
Es gibt immer einen Weg –
der sich manchmal auch erst in
"Zeit-Warte-Zeiten" vollendet findet.

Gerda Gutberlet-Zerbe

Paperback - 120 Seiten - € 17,99

Books on Demand: ISBN 978-3-7347-7848-3

Autobiografie einer Sekretärin, Ehefrau und Mutter, die die drei großen K's – Karriere – Küche – Kind – stets miteinander verbunden hat und allen gerecht geworden ist.

Die Philosophie der Autorin lautet: Es macht vieles leichter wenn man sieht, dass andere Menschen ihr Tal der Tränen überwinden und zu neuem Mut, Kraft und Lebenswillen finden. Gerda Gutberlet Zerbe hat sich in ihrem Leben das Ziel gesetzt, anderen Menschen zu helfen. Die psychisch selbstbetroffene Autorin möchte anhand ihres Leidensweges deutlich machen, wie sie ihre Psychosen überwinden konnte, und schrieb aus diesem Grunde ihre Biografie (2. Auflage).

Die erfolgreiche Autorin beschreibt auf lockere Art ihr Leben, dass sich sicher der eine oder andere hierin wiedererkennen wird. Für all diejenigen kann dieses Buch tatsächlich der Schlüssel zum Glück sein.

Gerda Gutberlet-Zerbe

Paperback - 104 Seiten - € 18,99

Books on Demand: ISBN 978-3-7347-6157-7

Dieses Buch ist ein Sofort-Ratgeber, der Sie an die Hand nimmt und Ihnen einen Weg aus der Depressionsfalle zeigt.

Das Buch zeigt einen authentisch erprobter Weg, der Ihnen helfen kann, an meinem persönlichen Beispiel von depressiv-psychotischen Krankheitsepisoden zu zeigen, was alles nach überstandenen Depressionen & Co. immer noch möglich ist.

Ihr Innerer Arzt kann Ihre seelischen Kräfte wieder so mobilisieren und Sie auf den Weg bringen, dass sich Ihr Leben wieder oder überhaupt in ein erfolgreiches = glückliches Leben verwandelt.

Wie das im Einzelnen abläuft, dazu lesen Sie in den nachfolgenden drei Teilen des Ratgebers, der an wichtigen Stellen mit Fotos aus der Kamera der Autorin dokumentiert ist.

Gerda Gutberlet-Zerbe - Paperback - 76 Seiten - € 8,90

Books on Demand: ISBN: 978-3-8334-8288-5

Rocky - mein gutaussehender, blonder Schulfreund mit einem stahlblauen Augenpaar - ein Strahlemann, ein Casanova, der die Damenwelt nach allen Regeln der Kunst an der "Nase herumzuführen" weiß. Der sich schließlich während seiner Ehe in ein Doppelleben verwickelt, das ihm ernst zunehmende Herzattacken bereitet. Beruflich ist er zum Visionär aufgestiegen, der seine Leute für sich arbeiten lässt, auch seine "geliebten" Frauen. Doch das Leben gibt ihm, was er verdient…

Gerda Gutberlet-Zerbe - Paperback - 92 Seiten - € 8,90

Books on Demand: ISBN 9-783-7347-3127-3

Die menschliche Liebe (Eros) zeigt in diesem Roman um die Lebensmitte der Menschen den großen Bogen vom Positiven über die Leidenschaft hin zum Negativen, wenn die Lebensgesetze nicht beachtet werden. Aber auch ein Weg zurück zum positiven Ausgangspunkt ist wieder möglich, wenn man es denn geschehen lässt. Dieser Roman zeigt auf, dass es auch in der Welt von finanziell großem Reichtum, ebenso große Liebes-Verwicklungen geben kann und dass es eine hohe Kunst ist, trotzdem dann nicht in einer Insolvenz zu enden.

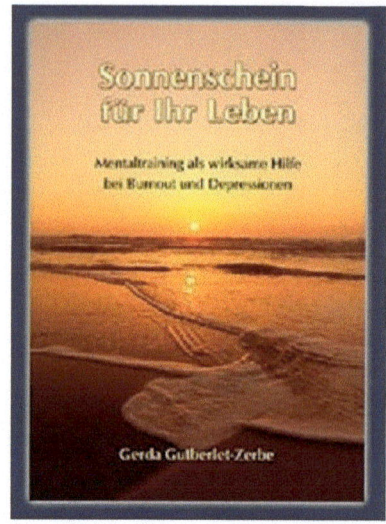

Die Broschüren sind ausschließlich über die Autorin zu bestellen!

➢ *Broschüre:* "Es gibt immer einen Weg aus Depression und Psychose"

➢ *Broschüre:* "Mentaltraining/Persönlichkeitstraining – die Ressourcen des Unterbewusstseins für Ihre Weiterentwicklung nutzen!"

➢ *Broschüre:* "Sonnenschein für Ihr Leben – Mentaltraining als wirksame Hilfe bei Burnout und Depressionen"

http://www.awpsg.com

http://www.hilfe-depressionen.de

http://www.gutberlet-zerbe.de

Email: gerda@gutberlet-zerbe.de